DE

LA FRANCE IMPÉRIALE

DANS SES RAPPORTS

AVEC LES DEUX MONDES.

Paris. — Imp. de Pommeret et Moreau, 42, rue Vavin.

LA FRANCE IMPÉRIALE

DANS SES RAPPORTS

AVEC LES DEUX MONDES

PARIS

LEDOYEN, LIBRAIRE, PALAIS-ROYAL,

GALERIE D'ORLÉANS, 31.

1858.

« Je veux conquérir à la conciliation les partis dis-
sidents et ramener dans le courant du grand fleuve
populaire les dérivations hostiles qui vont se perdre
sans profit pour personne.

« Je veux conquérir à la religion, à la morale, à l'ai-
sance, cette partie encore si nombreuse de la population qui, au milieu d'un pays de foi et de croyance,
connaît à peine les préceptes du Christ; qui, au sein
de la terre la plus fertile du monde, peut à peine jouir
de ses produits de première nécessité.

« Nous avons d'immenses territoires à défricher,
des routes à ouvrir, des ports à creuser, des rivières
à rendre navigables, des canaux à terminer, notre ré-
seau de chemins de fer à compléter. Nous avons en
face de Marseille un vaste royaume à assimiler à la
France... Nous avons partout enfin des ruines à relever,
des faux dieux à abattre, des vérités à faire triompher.

« Telles sont les conquêtes que je médite, et vous
tous qui m'entourez, qui voulez, comme moi, le bien de
notre patrie, vous êtes mes soldats. »

(Discours de Louis-Napoléon à Bordeaux.)

DE

LA FRANCE IMPÉRIALE

DANS SES RAPPORTS

AVEC LES DEUX MONDES.

I.

Dans un récent article, *le Times*, s'étonnant que l'opinion en France se soit émue à l'occupation de l'île de Périm, déplore notre prétention, aveugle selon lui, de prendre à cœur d'autres intérêts que ceux de notre rôle européen. A l'entendre, les affaires d'Egypte, celler des deux Indes, enfin tout ce qui ne touche pas à nos frontières immédiates doit demeurer à jamais pous nous lettre close, et l'Angleterre a le droit non-seulement de discuter, mais de régler selon son bon plaisir les destinées du reste du monde.

Cet article du *Times* n'aurait pas une grande importance à nos yeux, s'il n'était pas du nombre de ceux par lesquels ce journal cherche de temps à autre à flatter l'orgueil de sa nation, afin de se faire pardonner ses nombreuses inconséquences.

Nous doutons qu'un seul sujet anglais hésite à signer des deux mains l'article du *Times*, et, à ce point de vue, ce document a une grande portée, surtout à l'époque où nous sommes et relativement à l'alliance sur laquelle repose aujourd'hui la paix du monde.

Le Times ne réfléchit pas qu'on ne gouverne plus les peuples par la violence et par la passion, et moins encore par une ambition démesurée, qui n'a pour fondement qu'un orgueil sans bornes.

L'exemple de la France aurait dû l'instruire pourtant. Si le second Empire n'avait écouté que des préjugés nationaux infiniment respectables du reste, que le langage des passions et de l'orgueil; s'il n'avait écouté que les mécomptes du précédent règne, certes il n'eût pas provoqué cette alliance qui demeurera dans l'histoire comme un monument de la sagesse et en même temps de la modération de son auteur.

Le Times serait-il aveugle au point de ne pas comprendre que l'alliance anglo-française ne saurait durer qu'aussi longtemps qu'elle sera compatible avec l'honneur et la dignité de la France impériale? On ne pourrait pas dire la même chose pour l'Angleterre, l'essence de la politique toute française de l'Empire étant le respect de la dignité et de l'honneur de ses alliés.

Au lieu de raviver d'anciens préjugés, au lieu d'exciter encore un orgueil qui pourrait être légitime, s'il était équitable, *le Times* et la presse anglaise devraient au contraire mettre tous leurs soins à faire comprendre à l'Angleterre que l'outrecuidance est la plus détestable des politiques, et qu'il est des prétentions avec lesquelles, non-seulement la France, mais tous les peuples puissants des deux mondes pourraient un jour ne plus vouloir transiger.

Nous ne saurions laisser sans réponse cette incroyable prétention de limiter l'influence, l'intervention de la France au rôle que ce pays joue en Europe. Elle est étrange surtout de la part d'un peuple qui, depuis le commencement de ce siècle, s'est immiscé sans cesse, en se servant quelquefois de moyens que nous n'avons pas à qualifier ici, dans les affaires du continent européen, et de la part d'un gouvernement qui cherchait, naguère encore, à mettre, assure-t-on, à une rude épreuve la loyauté de son allié, en essayant de conclure des conventions secrètes avec certains gouvernements de ce côté-ci du détroit.

N'oublions pas que l'Angleterre, à une époque dont la plupart de nous ont été contemporains et dont tous ont gardé le pénible souvenir, a été l'âme d'une coalition contre la France, coalition dont l'histoire n'offre pas d'exemple, et que, pour la faire réussir, l'Angleterre s'est imposé les plus grands sacrifices que jamais nation ait faits pour la poursuite d'un but politique. Mais ce but, elle ne l'a pas atteint; la France est plus forte que jamais, et si elle est en même temps plus sage et plus modérée, l'Angleterre devrait s'en féliciter, tout en reconnaissant l'impuissance de ses efforts à réduire au silence et à l'inaction un peuple qui tient son rôle de la Providence, et dont la chute entraînerait, quoi qu'on dise, celle de la civilisation et de la liberté du monde.

Mais ce n'est pas de l'Angleterre seulement que partent des vœux et des efforts dont l'objet est l'amoindrissement de la France. Au-delà du Rhin les hommes d'un autre âge s'agitent avec une ardeur digne d'une meilleure cause contre ce fait immense qui est venu si inopinément s'imposer à eux tous : le rétablissement de l'Empire ; et, comme ils savent que la modération, non-seulement fonde les gouvernements, mais les conserve, leur assure la force et la durée, ils s'obstinent à attaquer l'alliance anglo-française et à prédire sa fin prochaine. Ils ne peuvent ou ne veulent point comprendre que l'Empire français peut seul assurer aux trônes le temps nécessaire pour arriver à ce compromis entre le monde ancien et les idées nouvelles, qui a pu jadis s'établir en Angleterre sans secousse, que Mirabeau avait rêvé pour la France, et qui peut seul épargner à l'Europe des calamités qu'on ne réussirait peut-être pas à ajourner une nouvelle fois.

Mais toutes ces vaines clameurs ne sauraient toucher la France ; elle peut d'un air tranquille envisager l'avenir, et même ne pas trop s'inquiéter si la modération de celui qui la gouverne est taxée de faiblesse par des hommes dont cette même modération paralyse les efforts.

———

II.

Nul ne saurait se refuser à reconnaître que la position de la France a complétement changé dans les deux mondes depuis l'avénement de l'Empire. Cette position, disons-le tout d'abord, est glorieuse, mais elle est en même temps hérissée de difficultés.

Un coup d'œil sur la situation générale de l'Europe fera clairement ressortir tout ce qu'il a fallu de sagesse et de modération pour conquérir cette position d'abord, pour la maintenir ensuite.

De tout temps la France a été le point de mire de la jalousie, de l'envie et aussi de l'émulation des autres peuples. Une plume éloquente nous retrace, au moment où nous écrivons, l'histoire de cette grande coalition à laquelle François Ier fit face, avec un courage et une grandeur d'âme qui auraient dû lui épargner la honte de voir traîner dans la boue son manteau royal sur une scène française.

Et, depuis François Ier jusqu'à la révolution française, l'Europe, le monde avaient subi, sans la discuter, l'influence de la langue, des usages, des modes, de la littérature, de l'esprit français en un mot.

Cette influence ne s'est pas amoindrie ; elle est même peut-être plus grande que jamais, car elle s'est augmentée de celle que la France exerce chez tous les peuples, nous ne dirons pas seulement par ses institutions, mais par ses idées politiques, malgré les protestations plus ou moins ouvertes des cabinets et des dynasties.

C'est de la révolution que datent ces protestations, qui se renouvellent sans cesse sous toutes les formes, malgré leur impuissance et leur stérilité.

Si l'on entend par révolution la lutte inévitable d'un peuple contre des institutions politiques ou sociales qui ne répondent plus ni à ses besoins, ni au degré de civilisation auquel il s'est élevé, on peut dire que jamais révolution ne fut plus nécessaire, plus légitime que celle de 1789.

Ce n'est ni dans les écrits de la révolution, ni dans les discours de ses tribuns que nous voulons chercher la cause de cette nécessité, de cette légitimité, mais dans les livres publiés à l'époque où l'ancien régime était arrivé à l'apogée de sa grandeur, de sa puissance, dans les écrits de Vauban, dans les Mémoires de Saint-Simon, dans Montesquieu, dans le livre de d'Argenson sur le gouvernement de la France et jusque dans les lettres de Mme de Maintenon.

Nos neveux diront avec plus de justesse encore de la révolution de 1789 ce que Schiller disait de la guerre de trente ans, qui a été à la réforme protestante ce que la terreur et les guerres de la République et de l'Empire ont été à la révolution : « La main puissante du travail et celle de l'industrie en ont effacé les traces cruelles, mais les résultats bienfaisants sont restés et ont fructifié au milieu de nous. »

Nos neveux, voyant de plus loin, et peut-être de plus haut, cet événement que tant d'hommes ont béni, tandis qu'un petit nombre n'a trouvé de paroles que pour le maudire, éprouveront la même horreur pour les crimes d'hommes qui ne représentaient point la révolution et qui abusaient, au nom du peuple, d'un mandat usurpé ; mais ils sauront apprécier mieux que nous les véritables conquêtes de ce grand mouvement social.

Or, c'est bien parce que la France a voulu partager ces conquêtes avec l'Europe, avec le monde, que l'Europe dynastique est demeurée secrètement coalisée contre nous, même après que le dernier des soldats qui avaient ramené les Bourbons eut quitté notre dernière citadelle.

L'histoire de l'Europe, depuis 1815 jusqu'aujourd'hui, ne présente qu'une série de luttes partielles des cabinets et des dynasties contre ces principes proclamés par la France et devenus chers à tous les peuples.

En France même cette lutte a commencé avec le retour des Bourbons, et elle devait se continuer nécessairement sous Louis-Philippe, car ce prince ne tenait point du peuple le mandat par lequel seul on pouvait obtenir l'autorité et la force nécessaires pour clore et couronner l'œuvre de la révolution.

Un des plus grands écrivains de l'Allemagne moderne (1), un écrivain dont on ne contestera pas le libéralisme, publiait en 1832 ces prophétiques paroles :

« Que deviendra la France? Ah! c'est une Pénélope expectante, qui tisse tous les jours sa toile et la défait tous les jours pour gagner une trève, jusqu'au moment où aura sonné l'heure de l'homme qu'elle attend. Quel est cet homme? Je n'en sais rien, mais je sais qu'il sera de force à tendre l'arc d'Ulysse, qu'il troublera cruellement le festin de ses insolents rivaux, qu'il leur lancera des flèches mortelles, qu'il fustigera les filles doctrinaires qui auront coqueté avec eux, et qu'il purgera la maison du honteux désordre qui y règne, pour y ramener avec l'aide de la *sage déesse* l'ordre et la paix. De même que notre situation actuelle, où domine la faiblesse, offre une certaine affinité avec celle du Directoire, de même nous verrons arriver un 18 brumaire, et l'homme attendu si impatiemment apparaîtra soudain au milieu des puissants du jour qui pâliront de terreur, lorsqu'il leur annoncera que la fin de leur règne est arrivé. On criera alors à la violation de la constitution, comme on le faisait jadis au Conseil des Anciens, lorsque venait alors aussi l'homme prédestiné. Mais de même que celui-là répondit : « La constitution! vous osez y appeler? vous qui l'avez violée au 18 fructidor, au 22 floréal, au 30 prairial, » de même le nouveau prédestiné saura

(1) Henri Heine. Lettre adressée à la *Gazette d'Ausbourg* du 12 mai 1832.

rappeler le jour et la date où les ministres juste-milieu ont violé la constitution. »

Or, cet homme dont Heine avait prédit a venue, il est au milieu de nous, il a rendu à la France et la conscience de son rôle, et son autorité dans le monde, perdues toutes deux, ou du moins égarées sous la Restauration comme sous la monarchie de juillet, cette triste parodie que Lafayette avait appelée *la meilleure des républiques*.

Nous avons dit que, depuis la révolution, les cabinets et les dynasties ont cherché avec une tenace ardeur l'abaissement de la France, croyant tuer avec elle les idées, dont l'inauguration dans les mœurs, dans les institutions, dans les besoins matériels sociaux et politiques, constituait une ère nouvelle.

Mais, fatalité étrange, les rois, pour engager les peuples dans cette coalition dont Waterloo ne fut pas le dernier mot, durent leur annoncer le nouvel évangile, leur promettre les droits consacrés par cette révolution qu'ils allaient combattre dans la personne de celui qui avait su, en ramenant l'ordre, assurer les conquêtes les plus précieuses de la liberté.

Pour qui connaît l'histoire de l'Allemagne, une révolution dans ce pays se fût trouvée tout aussi légitimée que celle de la France de 89.

On peut sans doute admirer ailleurs qu'en France ces élans de patriotisme qui signalent les plus belles phases de la vie d'un peuple, on peut rendre justice aux efforts de l'Allemagne dans ce qu'elle appelle peut-être un peu à tort la guerre de délivrance ; mais il n'est pas moins vrai de dire que la révolution française a épargné au reste de l'Europe une foule de révolutions, et que c'est sous l'influence de celui qui avait discipliné la révolution, en la fécondant, que l'Allemagne notamment a vu s'introduire chez elle toutes ces innovations qui constituent une véritable révolution.

C'est ce que l'Allemagne devrait un peu mieux reconnaître ; et l'histoire des vingt-huit dernières années devrait lui faire comprendre que, sans la France, c'en serait fait de ces institutions, de ces réformes, de ces progrès, dont elle était digne à tous égards sans nul doute, mais qu'elle doit avant tout à l'initiative de la France, comme elle lui doit leur maintien.

C'est à ce titre que l'Allemagne aurait dû saluer le rétablissement de l'Empire, comme un événement éminemment favorable à ses libertés. En effet, les Bourbons s'étaient ligués au dedans et au dehors contre la société nouvelle dont la révolution française avait doté l'Europe ; et les luttes parlementaires sous Louis-Philippe, les fautes de son règne, l'abaissement de la France avaient fait naître dans toutes les cours cet espoir que, si le parlementarisme était le dernier mot de la révolution, elle périrait par ses propres aberrations, si singulièrement favorisées par le matérialisme de l'époque.

C'est cette croyance qui animait l'empereur Nicolas ; il avait réussi à la faire partager à tous les princes d'Allemagne, et, si l'Angleterre ne suivait pas à cette époque la politique du continent, parce qu'elle n'était pas entièrement conforme à ses intérêts, il n'en est pas moins vrai qu'elle eût consenti à devenir une nouvelle fois l'âme d'une coalition contre la France, quel que fût le principe au nom duquel cette coalition se serait formée.

La révolution de février n'était pas faite pour détromper les cabinets et les dynasties. Ni les uns ni les autres ne voulaient comprendre que, si l'on refusait de satisfaire les prétentions légitimes des peuples, ceux-ci seraient exposés à l'influence des plus absurdes théories, qu'ils se laisseraient égarer par de faux tribuns, et que, n'ayant pas rencontré le vrai sur le terrain politique, ils seraient disposés à suivre l'erreur sur le terrain philosophique et scientifique.

C'est ce qui est arrivé en effet, et les gouvernements ont aujourd'hui à lutter contre des erreurs bien autrement dangereuses que les erreurs politiques.

Ces dernières, nous le verrons tout à l'heure, sont du reste plus nombreuses que l'ordre et la paix de l'Europe ne sauraient le comporter sans de graves dangers. Comme il arrive toujours à la suite de grandes commotions, l'homme dépasse le but et il n'est que trop certain que bien des traditions de la révolution française, fruits d'une époque d'exaltation, d'une époque fiévreuse d'innovations, ont besoin d'être révisées.

C'est ce qu'avait commencé le premier Empire, c'est

l'œuvre capitale que le second Empire continue et dont nous verrons peut-être l'achèvement.

Nous avons vu les cabinets et les dynasties de l'Europe demander à la Restauration aide et appui contre les principes de 89.

Les cabinets et les dynasties ont dû reconnaître que leurs entreprises étaient vaines, parce qu'on n'arrête pas le progrès du monde ; or, qu'est-ce que la révolution française, sinon une phase immortelle de ce progrès ?

Le second Empire offre à l'Europe dynastique un moyen honorable de terminer la lutte, et déjà il paraît que la Russie a mieux compris que d'autres gouvernements les leçons de l'expérience.

L'exposé rapide que nous allons tracer de la situation générale des deux-mondes servira à nous montrer plus clairement ce que nous avons à faire pour consolider notre position, dans quels principes réside notre véritable force, où sont les éléments d'alliances durables pour la France, et quels sont les dangers qui la menacent du dehors après qu'elle a conjuré, sous l'égide d'une haute sagesse, ceux que l'anarchie lui avait créés au dedans.

III.

La Sainte-Alliance était un pacte des gouvernements
et des princes pour ramener les institutions que la révolution française était venue renverser.

On croyait avoir vaincu la France, on voulait vain-
cre la révolution, que l'on croyait simplement française, quoiqu'elle eût été saluée par tous les peuples
comme l'aurore d'une ère nouvelle.

Le Congrès de Vienne, où tous les vices sociaux de
l'ancien régime semblaient avoir donné rendez-vous à
toutes les erreurs politiques, croyait que Waterloo avait
non-seulement brisé l'épée de la France, mais encore
fait rentrer dans le néant les aspirations séculaires de
tout ce que l'Europe chrétienne avait produit d'hommes
éminents vers un ordre politique et social plus conforme aux principes de la vérité comme aux lois de la
justice.

Et ce qui se passait en France, le lendemain de la
chute de Napoléon, était bien fait pour inspirer à ces

gouvernements et à ces princes une grande confiance dans leurs entreprises.

Quoique nous ne soyons séparés que de peu d'années de cette époque, l'avénement du second Empire l'a reculée si loin de nous que l'on croit, en lisant l'histoire de ce temps-là, parcourir celle d'il y a deux siècles.

Aux portes de la France, on avait érigé, contre la France, le royaume des Pays-Bas. Une partie de la Belgique parlait le français, on voulut le lui faire oublier; la Belgique était catholique comme la France, on voulait la rendre protestante, et, pour y réussir, on avait cru devoir ne pas refuser l'alliance des hommes de la révolution, que les Bourbons avaient bannis de France. On fut surpris plus tard de ce que ces disciples de Voltaire et de Rousseau eussent rattaché au libéralisme français le libéralisme belge, lequel, par son alliance avec le parti catholique, dont la lutte contre le gouvernement hollandais était nationale cette fois, produisit la révolution de 1830.

La révolution de Juillet, en débordant sur l'Europe, avait de fait refoulé les entreprises de la Sainte-Alliance contre la France et sa révolution. Il est douteux qu'aucun homme d'Etat du gouvernement de Juillet ait compris la véritable portée de ce résultat, dont aucun n'a évidemment cherché à profiter.

Ce n'est pas à la sagesse politique des hommes d'alors que l'on doit la constitution du royaume de Belgique, mais bien à la jalousie de l'Angleterre, à laquelle le développement industriel de la Belgique portait ombrage, aussi bien que le développement maritime de la Hollande, qui rendait plus difficile dans l'avenir la prise de possession des colonies hollandaises, si longtemps convoitées par l'Angleterre. La révolution de Juillet avait aussi débordé sur l'Allemagne, dont les princes redoutaient les complications inséparables d'un rétablissement à main armée du royaume des Pays-Bas.

La conduite du gouvernement de Louis-Philippe n'eut en Belgique d'autre résultat que celui qu'elle obtint aussi ailleurs, de dépopulariser la France ; on poussa à l'émigration vers la Belgique ces bandes aventureuses qui servent d'instrument aux révolutions, sans se soucier ni de leurs principes ni de leurs résultats, si ce n'est de ceux qui rapportent un bénéfice immédiat matériel. La France y perdit rapidement l'influence qu'elle eut ensuite bien de la peine à ressaisir.

La Belgique a du reste pour nous une importance toute particulière, au point de vue des institutions qu'elle s'est données depuis tantôt vingt-huit ans.

En effet, après vingt-huit années de pratique d'une constitution la plus libre du monde, la Belgique n'a fait que rétrograder. Il existe dans ce pays une certaine prospérité matérielle ; mais, quant aux conditions auxquelles cette prospérité finit toujours par être subordonnée, elles sont toutes sur leur déclin.

Les mœurs antiques du peuple ont fait place à des

habitudes et à des formes nées du parlementarisme et qui ne sentent que trop leur origine. Partagé en deux camps, celui des libéraux et celui des catholiques, le pays prend part ou assiste à des luttes qui, loin de donner de la force à son existence politique, doivent finir par l'énerver. Chacun des deux partis comprend la nationalité à sa guise, chacun des deux partis a sa vérité à lui, et c'est d'après cette vérité toute de convention que les ministères, sortis de l'un ou de l'autre camp, mesurent la valeur des candidats aux emplois; il en résulte un abaissement des caractères, des tiraillements dans le gouvernement de l'Etat, une hésitation dans les convictions, qui doivent nécessairement aboutir à un relâchement général de la morale, de la conscience et de l'esprit publics.

La liberté absolue de la presse n'en a pas relevé la dignité.

Le clergé belge visant évidemment à la suprématie, à la direction absolue des affaires publiques, le parti libéral a dû se servir, pour se défendre, d'armes qui, tout en blessant ses adversaires, n'ont pas moins porté des atteintes mortelles au pays tout entier, dans ce que les peuples doivent toujours chercher à conserver le plus précieusement.

Il est vrai de dire que le clergé, dont la liberté d'action a été des plus complètes et des plus absolues en Belgique depuis vingt-huit ans, n'a pas tenu les promesses qu'il a si souvent faites depuis la révolution française, et qu'il renouvelle encore tous les jours. Le progrès des doctrines subversives a été en Belgique plus grand que partout ailleurs; l'artisan est loin d'y être plus moral qu'en France, et l'habitant des campagnes a visiblement rétrogradé dans ses sentiments religieux; quant à la bourgeoisie, à chaque nouvelle élection, les échecs éprouvés par le clergé, mettant en cause la religion, nous prouvent assez de quel esprit cette bourgeoisie est animée, et l'influence si peu étendue des hautes classes, où le clergé trouve un appui politique, tend encore sensiblement à s'amoindrir. Nous insistons sur cette situation qui n'a rien de rassurant, parce que le clergé, en Allemagne surtout, prétend avoir trouvé le moyen de clore les révolutions, et pour cela il ne demande que d'avoir les mains libres. Nous le voyons à l'œuvre aujourd'hui en Autriche, et nous ne voulons préjuger de rien, ni tirer un mauvais pronostic de l'agitation qu'y a causée la concession de droits nouveaux au clergé; mais l'expérience faite en Belgique, où le clergé avait pour auxiliaires puissants la foi antique du peuple, l'appui manifeste de la dynastie et des ressources matérielles immenses, doit en tout cas donner à réfléchir.

Maintenant nous n'hésitons pas à proclamer hautement notre conviction que le clergé pourrait contribuer efficacement au salut de la société, si, renonçant à son rôle politique, il se bornait à la prétention légitime de réagir salutairement sur la politique par la famille qui est son domaine, sur les institutions par les individus.

Mais il nous paraît difficile d'admettre que les prétentions du clergé belge aient été dirigées suffisamment vers ce but.

Tout ce que la Belgique renfermait d'éléments vivaces, sa constitution de 1830 ne l'a pas créé; mais il est évident que la pratique de cette constitution a fait du peuple belge un nouveau peuple, qui ne vaut pas l'ancien, et la durée de cette constitution n'en réparera pas les torts.

Nous savons quels orages vont soulever nos paroles sur ce point et sur bien d'autres; mais ceux qui ont étudié la Belgique sans préjugé et en connaissance de cause, partageront certainement notre manière de voir et ne nous taxeront pas d'exagération.

La Belgique ne vit pas seulement sous l'empire de lois françaises, mais elle a adopté la jurisprudence française; elle reconnaît nos savants pour ses maîtres, et cependant on cherche à créer en Belgique, contre la France, des antipathies factices, dont nous n'avons du reste, grâce à Dieu, pas à tenir compte, tant le bon sens les condamne. Nous pouvons nous contenter de sourire, quand nous voyons l'uniforme prussien ou autrichien s'introduire dans l'armée belge; le caprice d'un moment ne saurait altérer la véritable nature des choses. Prêchons d'exemple à la Belgique, elle possède encore assez de son antique levain pour réagir non-seulement contre tous ces innocents enfantillages, mais encore contre la dangereuse hospitalité que ses institutions lui imposent en ce moment. La Belgique a été française, politiquement française; nous ne demandons pas qu'elle le redevienne, mais nous verrons avec bonheur qu'elle reste bonne alliée, bonne parente, et qu'elle se souvienne du bien qu'on lui a fait, qu'elle songe à l'appui qu'on lui prêterait encore le jour où elle serait menacée dans son indépendance par les ennemis de notre révolution, dont après tout elle est une fille aussi bien que la France nouvelle.

Nous comptons, au nord de la Belgique, une autre alliée vers laquelle nous portent de nombreuses sympathies, et qui doit naturellement se sentir attirée vers nous, aussi longtemps qu'elle comprendra ses véritables intérêts. Cette alliée, c'est la Hollande, envers laquelle l'Empire a singulièrement changé la position de la France.

La Hollande entretient à grands sacrifices une flotte considérable pour protéger ses possessions d'outre-mer; il est évident toutefois qu'elle considérerait elle-même ce moyen de protection comme illusoire, si son instinct politique ne lui disait pas qu'il est dans le monde une alliance maritime dont les ressources sont acquises à la Hollande, aussi longtemps que sa politique restera celle que toute son histoire passée comme tous ses intérêts présents et à venir lui conseillent.

Or, d'interminables discussions ne viennent plus comme autrefois mettre en question à chaque instant la politique que la France doit suivre en Europe. Les bonnes, les véritables traditions de cette politique, faussées sous la Restauration, tombées en désuétude sous le gouvernement de la branche cadette, sont reprises aujourd'hui, et les nations n'ont plus à se demander quelle sera désormais la conduite de la France. Elle n'a rien oublié, mais elle a beaucoup appris, et on peut affirmer qu'aucun pays ne se laisse moins aveugler par des préjugés nationaux, ne se laisse moins entraîner par la passion vers des partis extrêmes. Son instinct lui dit non-seulement que l'homme qui la guide la comprend, mais encore que nul mieux que lui ne connaît à fond et les différents peuples, et les graves questions qui agitent leurs destinées. Nous ne doutons nullement que le jour où la Hollande aurait besoin de la France, elle ne la trouvât prête à la seconder et à lui tenir compte de la rare sagesse qu'elle a déployée depuis l'avénement de l'empire, de la modération de sa presse et de sa tribune, d'un calme qui n'exclut ni le développement de sa force ni la conscience de sa dignité ; ici, point de bruit, point de jactance, mais un progrès sûr au dedans, une préparation incessante de ressources matérielles et morales pour les événements graves que l'avenir peut lui réserver.

Ce n'est pas sans crainte que nous abordons un court exposé de la situation de l'Allemagne. Aucun pays n'a plus d'importance pour nous, et il n'en est aucun dont l'étude soit plus difficile.

Commençons par déclarer franchement que, si nous n'avons pas dans l'Allemagne une ennemie, nous devons pourtant la considérer comme une adversaire, avec laquelle nous ne saurions plus nous dispenser de compter sérieusement. Le travail des esprits a été immense en Allemagne depuis Luther et la renaissance des lettres. La division de l'Allemagne en une foule d'Etats n'a pas eu en définitive les mauvais résultats qu'on pourrait croire ; elle a au contraire rendu plus intense le développement partiel, au moyen des centres nombreux d'où rayonnait la lumière, soit sous le rapport de la science, soit sous celui des arts et des lettres.

A ce travail patient des idées a succédé celui qui tend à les réaliser ; et, si l'œuvre du parlement de Francfort a été détruite par la démagogie, qui, semblable aux harpies de la fable, gâte tout ce qu'elle touche ; si les dynasties de l'Allemagne ont vu avec plaisir l'échec de cette assemblée mémorable, il n'en est pas moins vrai que le soulèvement de l'Allemagne, en 1813, et le parlement de Francfort nous ont donné la mesure du chemin que l'Allemagne a fait depuis soixante ans dans la carrière politique, ainsi que de ses tendances et de ses vues pour l'avenir.

Les aspirations de l'Allemagne vers l'unité politique, aspirations que les chemins de fer, les associations douanières et les grands travaux de l'esprit rapprochent chaque jour davantage du fait, ne pouvaient échapper aux deux grands cabinets qui pèsent d'une manière plus ou moins patente sur ses destinées. La Prusse timide, hésitante, ne marche qu'à tâtons vers le but de toute la politique de la maison de Brandebourg, l'hégémonie en Allemagne. L'Autriche, plus hardie, plus aventureuse et moins préoccupée des scru-

pules de droit qui arrêtent le pieux souverain de
Prusse, l'Autriche court droit au but, avec un empres-
sement dont le nord protestant de l'Allemagne s'a-
larme pour sa foi, non moins que pour son influence
politique.

La France peut envisager avec calme la réalisation
de l'unité allemande ; cependant elle doit se préparer à
l'éventualité de ce fait qui aura pour premier résultat
de porter atteinte à l'équilibre européen.

En effet, une association politique qui s'appuierait
sur une population à peu près du double de celle de la
France, obligerait celle-ci à chercher par ses alliés na-
turels à rétablir l'équilibre politique troublé par ce fait
nouveau.

Nous devons nous préparer très-sérieusement, et de
longue main, pour faire face à cette éventualité qui nous
paraît inévitable ; mais nous aurions tort de nous alar-
mer inutilement.

Ce ne sera pas demain que l'Autriche cédera le pas à
la Prusse ou la Prusse à l'Autriche, ce n'est pas demain non plus que les dynasties de second ordre se dé-
mettront de leurs droits en faveur d'un pouvoir central
tout-puissant, et ce n'est pas non plus demain que les
peuples d'Allemagne garantiront à l'Autriche la possession de ses conquêtes extra-allemandes. L'Autriche
elle-même ne saurait se mettre à la tête de l'Allemagne sans renoncer à ses possessions non allemandes
et à la domination qu'elle exerce aujourd'hui sur une
de nos alliées naturelles, l'Italie.

Le jour où l'Autriche établirait un empire allemand, la France devrait donner son dernier homme et son dernier écu pour affranchir l'Italie, à moins de vouloir abdiquer le rôle antique où l'héritier de Napoléon Ier vient de la faire rentrer.

Il est un autre antagonisme qui doit forcément ajourner pendant longtemps encore la réalisation de l'unité allemande, c'est la lutte du catholicisme et du protestantisme, lutte plus violente que jamais, et qui s'est transportée, par le fait de l'Autriche surtout, sur le terrain politique. Depuis le concordat, tout catholique allemand est devenu un véritable soldat de l'Autriche, recevant sa consigne de Vienne et toujours prêt à la suivre.

Mais, à un autre point de vue, la situation de l'Allemagne se montre de la dernière gravité et grosse de dangers pour la France.

Pour l'apprécier, il faut remonter plus haut dans l'histoire de l'Allemagne, et ce ne sera point en vain, car l'histoire de l'Allemagne est jusqu'à un certain point celle de l'Europe, et par conséquent aussi du Nouveau-Monde.

Le grand siècle qui embrasse les années de 1450 à 1550 fut aussi l'époque de la renaissance littéraire en Allemagne, et les œuvres de cette renaissance sont remarquables, dès le début, par une opposition plus ou moins ouverte à l'ordre de choses existant. Des satires grossières d'abord atteignent le plus haut degré d'atticisme dans les écrits d'Érasme, et surtout dans son *Éloge de la folie* qui répondait si bien aux tendances anti-cléricales de l'époque que, du vivant d'Érasme lui-même, il en parut successivement vingt-sept éditions.

Cependant, bien que la renaissance des lettres eût fait entrer dans les chaires les plus célèbres des hommes pâlis par l'étude de l'antiquité, la suprématie dans les connaissances humaines n'en demeura pas moins à la théologie, et la philosophie ne réussit que beaucoup plus tard à s'émanciper. La philosophie ne paraissait avoir d'autre rôle à jouer que de concilier les résultats de ses investigations avec les dogmes fondamentaux du christianisme. Elle n'était, à proprement parler, qu'une théologie spéculative. Les chefs de la réforme protestante eux-mêmes se rattachaient avec force au dogme antique, et, quoiqu'ils proclamassent en principe la liberté d'examen en matière religieuse, personne n'eût osé s'attaquer aux données principales de la révélation. Il en résulta que pendant des siècles on crut la réforme protestante définitivement accomplie, d'autant plus qu'elle avait réussi à s'abriter derrière l'omnipotence de l'État. On se trompait pourtant. Le professeur Wolff, qui occupait une chaire à Halle, vint troubler cette sécurité par son célèbre système de philosophie. L'Église protestante en fut émue au point de faire menacer Wolff de la hart. Il dut quitter Halle, et défense expresse fut faite aux universités d'enseigner sa doctrine. Mais les théologiens, venant à résipiscence, crurent devoir ne pas se brouiller avec la philosophie,

et Wolff fut réintégré dans sa chaire, après avoir cherché à prouver philosophiquement la nécessité d'une
révélation.

Toutefois, pendant que la théologie cherchait à s'assurer des philosophes, les philologues, dont les recher-
ches avaient commencé avec la réforme protestante,
se trouvèrent soudain être des ennemis plus dangereux encore.

Luther lui-même avait porté la main sur le sanctuaire
de la révélation, la Bible, en proclamant apocryphes
une partie des écritures. On alla plus loin dans cette
voie ; on attaqua l'autorité d'autres parties de la Bible,
et celle de la Bible entière. En un mot, on voulut faire
passer la littérature sacrée par le creuset dont on s'é-
tait servi pour la littérature profane. Frédéric II, refu-
sant à l'Église protestante l'appui du bras séculier, la
religion dite de la raison, prit possession des chaires
philosophiques et amena un relâchement dangereux des
mœurs.

Dès lors la philosophie se sépara de la théologie, et,
chose étrange, elle fut la première à reconnaître son
incompétence dans toutes les questions qui se rattachent à la Divinité et aux choses divines. Kant lui-
même proclama hautement cette incompétence.

Mais Kant reconnaissait que tout ce qui n'appartient
pas à la religion relève du domaine de la philosophie,
laquelle désormais, au lieu de s'égarer dans les spéculations stériles de la métaphysique, allait se lancer

dans des spéculations portant sur le monde réel. A cette époque survint la révolution française, et la route des idées nouvelles se trouva frayée. Nous avons vu plus haut comment les souverains allemands invoquèrent les principes de cette révolution pour appeler leurs peuples à combattre celui qui, en la disciplinant, l'avait empêchée de périr. Nous avons vu aussi comment les souverains crurent ne pas devoir donner suite aux promesses qui avaient enthousiasmé leurs peuples. Il fallait inventer une diversion pour rappeler ailleurs l'attention de toute une génération déçue. Pendant que d'autres souverains cherchaient leur refuge dans des phantasmagories politiques, le roi de Prusse, lui, crut avoir trouvé le moyen de détourner le courant des idées politiques, il appela à son secours la philosophie. Ce fut alors qu'apparut Hegel et sa nébuleuse philosophie destinée, croyait-on, à servir de spécifique contre toute aspiration politique. Le gouvernement le soutenait, et ses adeptes le portaient aux nues ; ils croyaient devoir l'admirer d'autant plus qu'ils le comprenaient moins.

Ces illusions devaient être de courte durée. Lorsque les abstractions philosophiques de Hegel, après s'être insinuées par mille canaux dans les universités, dans les administrations, dans les familles, voulurent sortir du vague, lorsque le mystère fit place à la réalité, le gouvernement prussien fut saisi d'épouvante en voyant quels étaient les fruits de son œuvre imprudente. La philosophie de Hegel avait provoqué une presse qui devait faire trembler tous les trônes de l'Allemagne. Non-seulement Strauss, l'auteur de la *Vie de Jésus-Christ* et les deux Feuerbach, mais encore les démagogues les plus fougueux de la nouvelle Allemagne étaient disciples de Hegel.

Un de ces tribuns, parlant au nom de tous, écrivait :

« Un développement politique pacifique, une transition pacifique vers le gouvernement républicain, au moyen de monarchies constitutionnelles, n'est plus possible. Le peuple allemand doit donc faire une révolution, mais une révolution radicale ; il doit chasser du pays tous ses oppresseurs, tous ceux qui l'exploitent, pour provoquer une république fédérative ; alors, et alors seulement il y aura un peuple allemand, une unité allemande, une existence, un honneur allemand. Il faut donc avant tout que nous procurions au mot révolution un cours aussi favorablement noté dans l'opinion publique que l'est aujourd'hui le mot *légalité*, car il n'existe pas de lois, lorsque ces lois n'émanent pas du peuple. Votre voie légale ne conduit pas à la liberté, mais à la ruine. Avouez et reconnaissez que c'est de votre devoir de déployer, la Prusse en tête, l'étendard de la révolution. »

Tel était, en 1848, le langage des disciples politiques de Hegel, et, si ce langage a cessé de se faire entendre publiquement, les hommes qui le tenaient alors existent encore par milliers en Allemagne et attendent avec impatience le moment où ils pourront encore le tenir impunément. Jusque-là ces mêmes hommes, cachant leurs mauvais instincts sous le masque d'un prétendu patriotisme, se servent d'une partie de la presse dite libérale pour calomnier, par des insinuations perfides, la France impériale; les gouvernements allemands ferment les yeux et laissent faire plus ou moins, parce qu'ils voient dans cette manœuvre une diversion utile dont ils profitent comme des hommes qui vivraient d'expédients au jour le jour. S'ils étaient sages et prévoyants, ils comprendraient d'où viennent ces attaques, où tendent ces injustices; elles ont pour auteurs des hommes qui ne sauraient pardonner à Napoléon III d'avoir mis un terme à l'anarchie, c'est-à-dire à leur règne, non-seulement en France, mais en Europe. Quant au but de tant d'injustes calomnies, les gouvernements allemands croient-ils que les traits lancés contre la France impériale ne retombent pas sur eux ?

Mais nous n'avons pas à nous préoccuper de cela; ce qui nous touche de plus près, c'est l'incertitude de la situation de l'Allemagne. Les éléments délétères y abondent, et nous pourrions bien un jour voir s'y déchaîner la plus terrible des révolutions. Aucun des athées en politique comme en religion, sortis de l'école de Hegel, qui ne tienne plus ou moins ouvertement le langage de Mazzini : « Si c'était à recommencer ! »

En attendant, il est une autre classe de prétendus patriotes allemands qui croient devoir à chaque instant rompre une lance contre la France. Il y a environ deux mois, un journal français, que ses rancunes héréditaires, mais fort artificielles, séparent du gouvernement beaucoup plus que ses principes, avait passé en revue la situation politique de l'Europe, et si ce travail, fait au point de vue spécial de cette feuille et par conséquent de certains préjugés, n'était pas exempt d'inexactitudes, au moins personne ne pouvait en contester la modération. Un journal allemand, dont les rapports avec la Russie, l'Autriche et la Prusse sont bien connus, la *Gazette d'Augsbourg*, trouva bon d'entrer en lice avec son caractère presque officiel (l'article émanant directement de la rédaction), et attaqua les articles du *Siècle*. Après avoir exalté l'Allemagne aux dépens de la France, l'écrivain allemand ne craignit pas d'invoquer, à l'appui de son opinion, le témoignage d'un Français qu'il qualifie de spirituel et qui lui aurait écrit les paroles suivantes : « Ce qui vous trompe toujours dans vos appréciations, c'est que vous supposez qu'en France on aime la liberté. Le Français n'aime que deux choses : les calembourgs et la poudre à canon, l'esprit jovial et la bataille, voilà tout. Nous n'avons jamais aimé ni les lettres, ni les arts, ni la liberté, ni l'ordre, ni le bon sens, mais il y a eu des poètes, des artistes, des politiques, etc., auxquels vous avez, vous autres Allemands, fait une réputation que la France a fini par accepter. »

Nous savons bien qu'il existe encore parmi nous quelques petits camps honteux, à la mode de celui de

Coblentz, mais nous ne pensions pas qu'une feuille à prétentions sérieuses pût s'appuyer sur un absurde bulletin de ce camp pour juger la France. Il est vrai que tout ce qu'on publie aujourd'hui sur nous en Allemagne est à peu près de cette force, ce qui n'empêche pas les Allemands de dire à tout propos que nous ne les connaissons pas.

Si nous ignorons bien des choses qui les concernent, au moins nous sommes plus justes envers eux, et nous avons trop de confiance dans leur bon sens pour ne pas espérer qu'ils seront un jour plus équitables envers nous et envers l'ordre de choses que la France s'est donné pour garantir à jamais les conquêtes de sa révolution.

Nous n'accusons pas les Allemands de ce que leurs princes , même de notre temps , placent toujours l'homme titré ignorant plus près de leur personne et plus haut dans leur estime que l'homme capable qui honore son pays ; mais l'Allemagne devrait se souvenir du règne sous lequel la gloire, le mérite et le talent sont devenus les satellites du souverain ; ils devraient se souvenir de l'homme qui a mis le mérite à la mode et lui a donné cette vogue que les souverains allemands lui avaient si longtemps refusée, et qu'ils ont dû finir par accepter plus ou moins.

Nous n'accusons pas non plus les Allemands du peu de respect que leurs princes et leurs gouvernements professent pour la dignité du citoyen, et qui éclate tant dans les actes d'administration, au dedans, que dans ceux de la politique extérieure, mais ils devraient y réfléchir à deux fois avant de calomnier un pays où la dignité du citoyen est respectée par le gouvernement et l'administration, tant au dedans qu'au dehors, plus que dans aucun pays du monde, sans en excepter l'Angleterre.

Un Allemand , que nous nommerons tout à l'heure, écrivait, il y a vingt-six ans :

« Les Français et les Allemands se sont mutuellement enseigné dans les derniers temps bien des choses ; les Français ont adopté beaucoup de notre philosophie et de notre poésie, nous, par contre, nous avons profité des expériences politiques et du sens pratique des Français. Les deux peuples sont semblables aux héros d'Homère, lesquels, en signe d'amitié, échangeaient leurs armures sur le champ de bataille. De là date en général la métamorphose qui se manifeste parmi les écrivains allemands d'aujourd'hui. Dans les temps jadis ils étaient savants de faculté ou poètes, se souciant fort peu du peuple pour lequel ni les uns ni les autres n'écrivaient, et, dans l'Allemagne philosophique et poétique, le peuple se trouvait engagé dans la manière de penser la plus grossière ; et, quand il se prenait de querelle avec ses chefs, il n'était question que de faits brutaux, d'embarras matériels, d'impôts, d'accises, de dommages causés par le gibier, de barrières, etc., tandis que, dans la pratique France, le peuple, conduit et éduqué par ses écrivains, s'occupait d'intérêts immatériels, de principes philosophiques. Les gouvernements allemands, lors de la guerre dite de Délivrance (*lucus non a lucendo*), s'étaient servis d'une meute de savants des facultés et de poètes, pour influencer le peuple en faveur de leurs intérêts personnels, et le peuple se montra fort accessible et fort docile. Il lut le *Mercure* de Joseph Goerres, chanta les chansons de E. M. Arndt, se couronna le front des feuilles du chêne allemand, s'arma, se rangea tout enthousiaste en ordre de bataille et vainquit Napoléon ; — car, les dieux eux-mêmes luttent en vain contre la bêtise! —Aujourd'hui, les gouvernements allemands voudraient se servir derechef de la même meute. Malheureusement cette pauvre meute a été tout ce temps enchaînée dans son chenil ; elle est devenue galeuse, elle infecte l'air, elle n'a rien appris de neuf, elle aboie comme par le passé ; mais, pendant cet intervalle, le peuple a entendu de tout autres sons retentir à son oreille, sons élevés, magnifiques, parlant d'égalité civique, des droits imprescriptibles de l'homme, et c'est en souriant de pitié, sinon avec mépris qu'il contemple les efforts renouvelés de la meute de 1814. »

Et l'homme qui écrivait ces choses, dans sa reconnaissance pour le peuple français et sa révolution, n'est autre que Heine, l'Achille du libéralisme allemand ; et il les écrivait, en 1832, à cette même *Gazette d'Augsbourg* où les mirmidons d'aujourd'hui voudraient essayer de remplacer la meute fustigée d'une manière si sanglante dans les lignes qu'on vient de lire.

Et, pour ceux qui l'ignoreraient, il est bon d'ajouter

que ce même Heine n'est pas un républicain, mais un excellent monarchiste, qui ne manque pas non plus de flageller à tout propos cette démagogie incorrigible, la plus mortelle ennemie de la liberté!

Mais Heine n'était pas le seul à reconnaître ce que l'Allemagne devait à la France, et à blâmer cette propagande qu'on cherche à faire contre notre patrie. Boerne, lui aussi, dans une satire admirable qui est encore présente à l'esprit de tous, est venu peu après prendre à bras le corps et terrasser celui que les gouvernements avaient élu pour aboyer contre la France et que Boerne appelait *Manzel le gallophobe*. Tous deux ne sont plus, et la meute peut reprendre de plus belle ses sauvages aboiements. Ce qui est consolant, c'est qu'on ne saurait déchirer l'histoire, et celle de la France parle assez haut pour que de vaines clameurs ne puissent pas empêcher le peuple allemand d'entendre sa voix.

Parmi les prétendus griefs que l'on a cherché à faire valoir en Allemagne contre la France, celui relatif à une alliance franco-russe occupe le premier rang.

De même que les princes avaient appelé l'Allemagne aux armes, au nom de la liberté, contre le fait qui seul pouvait assurer la liberté de l'Allemagne, et qui en définitive lui a donné toute celle dont elle jouit, de même aujourd'hui, toujours au nom de la liberté, ces mêmes princes font déclamer leur presse contre une alliance franco-russe comme contre un fait qui menacerait gravement l'Allemagne, et ils oublient que depuis 1815 tous ont tourné les yeux vers la Russie, et tous ont compté sur elle pour le jour où le peuple allemand voudrait réclamer une somme plus grande de droits et de libertés. Il est évident que la Russie n'eût pas demandé mieux que de faire éclater, par une intervention directe dans les affaires d'Allemagne, par un arbitrage entre les princes et les peuples, cette influence qu'elle a convoitée de tout temps. Ainsi tous les griefs qu'elle avait contre l'Autriche ne l'ont pas empêchée de lui prêter main forte contre l'insurrection en Hongrie ; elle a mieux aimé consulter ses intérêts que ses rancunes.

La Russie nous a forcés, bien malgré elle, selon nous, à fixer notre attention sur le nord de l'Europe.

Une grande révolution, ceci est incontestable, s'opère dans ce vaste empire, depuis la mort du czar Nicolas et la guerre de Crimée, et il est difficile de dire si nous devons applaudir à cette révolution ou la craindre.

Nous sommes restés vainqueurs dans la guerre de Crimée, mais nous avons été frappés des ressources dont disposait la Russie, et nous devons réfléchir sérieusement aux modifications qu'apportera à l'équilibre européen le développement matériel de cet immense empire, à l'influence que ce développement exercera sur sa force militaire, alors que, grâce aux chemins de fer, les distances « ne la tueront plus, » comme le disait si justement l'empereur Nicolas.

La Russie a bien du chemin à faire pour atteindre à

notre civilisation, mais, puisqu'elle marche, elle arrivera.

Il est douteux toutefois qu'elle n'éprouve pas, elle aussi, de grandes convulsions. Toute son organisation intérieure fondée par Pierre-le-Grand n'a eu d'autre but que d'opposer efficacement l'omnipotence des czars aux prétentions de la noblesse, prétentions qui se sont reproduites très-violemment à diverses reprises dans des révolutions de palais. On pourrait croire que le czar Nicolas a brisé à jamais toute opposition de ce côté, mais, du moment que la révolution décrétée par son successeur commence à opérer, nul doute qu'il n'en résulte une commotion dont on ne saurait prévoir la marche ni l'issue.

Mais cette commotion aura un terme, et alors la Russie, menaçante toujours pour l'Europe, pourra renouveler les arrogances qui ont provoqué la guerre d'Orient.

Malgré nos succès, la Russie ne fait qu'une halte sur la route de Constantinople. Elle reprendra sa marche au premier moment favorable. Malheur à la France, si elle hâtait ce moment par ses fautes, par ces bouleversements insensés qui paralysent des forces et détruisent des ressources dont elle peut avoir le plus grand besoin, même dans un avenir très-prochain.

Il est évident que la Russie avait, en jetant le gant au sultan, compté sur l'isolement de la France ; elle savait que l'Allemagne resterait spectatrice impassible de la lutte, que l'Angleterre ne pouvait pas disposer d'une armée de débarquement assez considérable pour menacer la Russie, et les flottes anglaises, on l'a vu, ont été impuissantes contre les deux boulevards extérieurs de la Russie : Cronstadt et Sébastopol.

C'est l'alliance anglo-française qui a déjoué les projets de la Russie, je dis de la Russie et non du czar, parce que la conquête de Constantinople est bien la politique, le vœu, l'aspiration du moindre mujik, nous dirons même que c'est par cette aspiration seule que le peuple russe a été jusqu'à présent rattaché à son existence politique.

Mais la révolution qui vient de s'opérer en Russie aura, pour l'Allemagne dynastique, des suites dont celle-ci ne paraît pas encore se rendre compte. Par cela même que la Russie se rapproche des principes qui guident les gouvernements et la politique de l'Occident, elle cesse d'être un refuge pour tous ces princes allemands qui tenaient sans cesse les yeux fixés sur elle.

La logique des faits finira, nous l'espérons, par convaincre ces princes qu'il vaut mieux tourner les yeux vers ceux qui ont le pouvoir nécessaire pour clore les révolutions, que vers ceux qui ne peuvent que les comprimer, même dans ce qu'elles ont de légitime, et nous avons dit plus haut ce que nous entendions par révolution.

Nous arrivons, par la Russie, à l'Etat qui est et restera probablement encore, des siècles durant, son ennemi naturel : l'Angleterre.

La France a cet avantage sur l'Angleterre que sa politique a toujours été généreuse avant d'être intéressée, nous dirons même que cette politique était, par sa générosité, rarement conforme à ses intérêts. Il va de soi que nous parlons ici d'intérêts matériels, car, pour les intérêts moraux, rien ne les sert mieux que la générosité.

Il en est résulté que les peuples ont toujours tourné avec confiance les yeux vers la France, rarement vers l'Angleterre, parce que cette dernière n'est généreuse que par circonstance et dans les cas où cette générosité se trouve d'accord avec ses intérêts immédiats.

Nous n'avons à nous préoccuper ici de l'histoire de l'Angleterre qu'à partir de 1815.

Lorsque, grâce à la coalition, l'Angleterre eut humilié la France dans la personne de l'Empereur, elle fut étonnée du résultat auquel elle était arrivée à son insu : son propre isolement en présence de la Russie. Quand l'Angleterre, vers le milieu du dernier siècle, fit la guerre à la France sur mer et dans ses colonies, elle travaillait évidemment, sans le savoir, à affaiblir les forces de l'Occident au profit de la Russie qui sut habilement tirer parti des circonstances en affermissant sa domination en Pologne.

L'Angleterre donc comprit que l'humiliation de la France pourrait l'exposer à de graves dangers, et un homme se présenta pour les conjurer.

Cet homme fut Canning. Les jalousies de l'Angleterre ne lui permettant pas de réparer ses torts envers la

France, Canning ne trouva d'autre moyen que de relever le drapeau qui avait exercé, entre les mains de la France, un si grand prestige, le drapeau de la révolution.

Mais Canning se trouva complétement impuissant à poursuivre son entreprise, et il est intéressant d'entendre l'ambassadeur russe Pozzo di Borgo en formuler le motif. Dans une dépêche du 22 décembre 1826 à son cabinet, ce diplomate écrivait : « Il est évident qu'il se prépare une révolution dans les esprits en Angleterre, mais, quant à ce qui est de propager des révolutions au dehors, cela est moins facile que les Anglais ne paraissent le croire. Ces derniers pourront provoquer des émeutes, ourdir des conspirations, mais ils ne feront qu'exposer leurs victimes sans pouvoir les défendre, n'ayant pas d'armées pour le faire et parce que ceux qu'ils vouent à la destruction sont pourvus et des moyens et de l'énergie nécessaires pour se défendre et se protéger.

L'empereur Nicolas a fort bien pu se rappeler cette dépêche de son ancien ambassadeur, lorsqu'il envoyait le prince Menschikoff à Constantinople ; mais l'Angleterre devrait, et dans cette dépêche et dans l'histoire de la guerre de Crimée, puiser cette leçon et cette conviction qu'elle est impuissante sans la France, et qu'elle a le plus grand intérêt à ce que la grandeur et l'influence de la France se maintiennent ; autrement elle se trouverait isolée devant la Russie, qui serait en état de lui disputer ses possessions de l'Inde, le jour où elle cesserait de redouter la France.

Nous reconnaîtrions volontiers que nous avons intérêt à ce que l'Angleterre soit puissante aussi longtemps qu'il existera une Russie, mais que l'Angleterre reconnaisse à son tour que la France peut infiniment mieux se passer d'elle qu'elle ne pourrait se passer de nous ; que la France tient toujours sous sa sauvegarde ce drapeau trop lourd de beaucoup, nous l'avons vu, même pour la puissante et loyale main de Canning.

Mais il est un côté par lequel l'Angleterre demeure redoutable pour nous, même alors qu'elle serait non-seulement notre éternelle, mais notre franche alliée. Ce côté, c'est celui de son prodigieux développement matériel. Les nations comme les individus ne traitent durablement qu'avec leurs pairs, pour lesquels seuls ils éprouvent de respectueuses sympathies. Or, les ressources de l'Angleterre ont centuplé depuis 1815, la France a, elle aussi sans doute, fait des progrès immenses, mais, nous devons nous l'avouer, nullement en rapport avec ceux de l'Angleterre ; et, pour le commerce et les relations transocéaniques, nous sommes restés en arrière même de l'Allemagne qui, par son émigration, par l'esprit d'entreprise de ses négociants de Hambourg, de Brême, de Trieste et des autres ports secondaires, a créé partout les relations les plus fécondes et les plus productives pour le commerce et l'industrie nationales ; sans compter que les Allemands ont fini par accaparer lentement toutes les affaires du port d'Anvers, dont Napoléon Ier, avec son œil d'aigle, avait embrassé l'avenir européen.

Nous verrons bientôt ce que nous aurons à faire pour nous mettre de pair avec ces rivaux sérieux; il nous faut d'abord traverser l'Océan, visiter ce Nouveau-Monde, qui en un siècle a fait des progrès qui nous étonnent et qui doivent même être pour nous, jusqu'à un certain point, un sujet de préoccupation.

La France n'aurait point prêté la main à l'affranchissement des Etats-Unis, que cet événement aurait eu lieu tôt ou tard. On peut sans nul doute contenir des hommes de race inférieure comme le sont les Indous dans les possessions anglaises, mais on ne saurait gouverner longtemps au-delà des mers une société d'hommes de la même race que le dominateur et que tout pousse à s'émanciper. Il eût été désirable sans doute que la France et l'Angleterre ne se fussent point affaiblies dans cette lutte et que l'Angleterre eût suivi les conseils de son grand Guillaume Pitt; mais aujourd'hui toute réflexion à ce sujet devient superflue. Nous avons devant nous non-seulement un monde nouveau, mais une société nouvelle dont l'influence sur l'ancienne se manifeste sous un grand nombre d'aspects.

Emancipée d'une part de notre vieille Europe au nord et au midi, l'Amérique y reste d'autre part attachée, au nord comme au midi, par des liens puissants. L'Angleterre s'est maintenue dans ce Canada où tant de cœurs battent encore pour la France; Espagnols et Français y ont encore des possessions, et l'empire du

Brésil appartient à l'ancien monde par toutes ses traditions politiques et sociales.

Mais de ces divers Etats aucun ne paraît avoir plus d'avenir, aucun ne manifeste une plus grande force d'expansion que les Etats-Unis. Ces Etats feront-ils, comme ils en affichent tout haut la prétention, la conquête de toute l'Amérique pour y implanter, comme forme politique, la république fédérative? ou bien le sud monarchique réussira-t-il à se maintenir indépendant? Voilà la question qui domine tout autre. Il serait certes à souhaiter que la création d'un grand royaume fît cesser le scandale de toutes ces petites républiques du centre et du sud, qui n'ont de républicain que le nom, et que les Etats-Unis ne s'annexeraient qu'à leur grand dommage, attendu que l'élément du sud prédominant, la séparation du nord et du midi, dont les Etats-Unis sont déjà menacés aujourd'hui, serait bientôt un fait accompli.

L'émigration exercera-t-elle une influence décisive sur les Etats-Unis, vers lesquels elle se porte en immense majorité? C'est une question à laquelle on ne saurait répondre encore que vaguement; et cette influence, quant aux institutions politiques de la fédération, ne pourrait guère se produire avant un siècle; mais il est constant que l'émigration allemande augmente singulièrement chaque année les ressources des Etats-Unis, tant par les capitaux qu'elle y importe que par les bras qu'elle met à la disposition de l'agriculture, du commerce, de l'industrie.

N'y aurait-il pas moyen de fixer cette émigration plus près de nous? nous le pensons. Il serait insensé de songer à arrêter le développement du Nouveau-Monde; mais tout ce qui tend à appauvrir les ressources de l'ancien nous paraît un danger.

Il y a aussi un danger manifeste dans ces rapports innombrables de correspondance des émigrants avec leurs familles d'Europe, véritable propagande politique, d'autant plus dangereuse qu'elle se fonde sur de nombreuses illusions. Chaque courrier venant d'Amérique apporte des milliers de lettres où l'on vante les institutions américaines, qui ne sauraient pourtant supporter la comparaison avec les nôtres. On y exalte par ignorance, par mauvaise humeur ou par méchanceté, au détriment de la mère-patrie, un ordre de choses que celle-ci ne doit guère envier au Nouveau-Monde. Il en résulte des mécontentements fâcheux, des aspirations dangereuses et des illusions que le voyage seul d'Amérique parvient à détruire. Car aujourd'hui l'expérience a parlé ; et tous ces démagogues fougueux qui ont fui l'Allemagne après les événements de 1848, une fois arrivés aux Etats-Unis, après avoir marché de déception en déception, ont fini par y faire ce qu'ils eussent fait dans leur patrie, si leurs mauvais instincts ou le mauvais exemple et les mauvaises leçons ne les avaient entraînés. Ils ont passé de la tribune du cabaret à l'établi de l'artisan, à la charrue de l'agriculteur ; ils sont devenus bons pères de famille ; malheureusement d'injustes rancunes les empêchent d'éclairer leurs ci-devant coreligionnaires de l'ancien monde sur les déceptions qu'ils ont trouvées dans le nouveau.

Mais les forces matérielles des Etats-Unis se développent prodigieusement, et, comme le gouvernement de ces Etats est fort peu scrupuleux sur tout ce qui a rapport aux questions internationales, il ne serait pas impossible qu'un jour la vieille Europe se trouvât à bout de patience sur l'une ou l'autre de ces questions. L'Angleterre a un secret pressentiment d'une pareille éventualité à laquelle la France doit, elle aussi, se trouver préparée. Il y a quelque temps, on a agité la question, assez oiseuse, selon nous, d'un débarquement à main armée en Amérique, pour le cas où un conflit éclaterait avec l'Europe. Un Américain, écrivant de Rome à une grande feuille européenne, a démontré, avec autant de bon sens que de patriotisme, la folie d'un pareil projet. Il est évident, en effet, que tout différend sérieux entre le Nouveau-Monde et l'ancien se videra sur l'Océan. Les Etats-Unis eux-mêmes pressentent que ce sera sur ce terrain, et ils nous le font assez comprendre par l'attention et le soin tout particuliers qu'ils apportent à leurs navires de guerre, dont ils tiennent de temps à autre à nous envoyer des échantillons.

Dans les années de disette, nous contribuons grandement à enrichir l'Amérique en lui achetant ses blés ; espérons qu'après la réalisation des grandes mesures prises en faveur de notre colonie d'Algérie, nous pourrons nous dispenser d'alimenter par nos trésors des ressources sur lesquelles se fondent en grande partie les prétentions des Etats-Unis.

Nous avons vu la marine de ces Etats apparaître dans les mers où la France et l'Angleterre demandent en ce moment raison des insultes faites à notre civilisation plus encore qu'à notre drapeau, et, à côté des Etats-Unis, la Russie elle-même a voulu être spectatrice de nos mouvements.

Ces faits nous disent assez haut combien a grandi, pour la France, l'importance de sa flotte, et quel rôle sérieux l'avenir lui réserve dans ces questions, que l'on peut appeler désormais universelles, et dont aucune ne doit se résoudre sans elle, à moins qu'elle ne consente à abdiquer.

Nous avons vu dernièrement l'Espagne menacée, dans ses possessions américaines, par une politique que personne ne saurait qualifier d'honnête, et dont la morale et le droit des gens réprouvent également les moyens. Ce fait est plus grave qu'il ne le paraît d'abord. Non-seulement les destinées de l'Espagne sont intimement liées à celles de la France, mais celle-ci n'a pas d'alliée naturelle plus précieuse que la péninsule.

Les plaines de Toulouse nous disent assez ce qu'il adviendrait de la France, si un jour elle devait encore voir la péninsule aux mains de ses ennemis, et l'Espagne sait que, pour arriver à un progrès sage et pacifique, elle n'a pas d'autre appui que la France, monarchique comme elle, chevaleresque comme elle, et sur laquelle seule elle peut compter, dans les bons comme dans les mauvais jours.

Quoique le Piémont nous rattache directement à la péninsule italique, non-seulement sous le rapport géographique, mais par les sympathies nombreuses et sincères de cet Etat pour la France et de celle-ci pour la Sardaigne, de nombreuses complications politiques s'élèvent entre nous et cette autre alliée naturelle de la France : l'Italie !

L'Autriche, on peut le dire sans haine comme sans arrière-pensée, ne réussira jamais à fonder, en Italie, un ordre de choses qui puisse offrir des garanties à la paix et au repos de l'Europe. Nous voulons prendre au pied de la lettre ce que l'Autriche nous dit tous les jours de ses bonnes intentions ; mais, s'il était permis de faire une comparaison, empruntée à un auteur comique, à propos de la situation sérieuse qui nous occupe, nous dirions que l'Italie tient à l'Autriche le discours d'Agnès au seigneur Arnolphe. Un mot de la France est de plus de poids pour cette Agnès, à la fois si perfide et si sincère, que toutes les belles promesses de cet Arnolphe allemand dont elle répudie l'alliance avec cette fermeté qu'une mauvaise cause ne saurait donner. Les jours de la domination autrichienne en Italie sont comptés. La presse patronnée par l'Autriche a beau s'évertuer à vouloir prouver que la nationalité est un vain mot, un rêve ou un fantôme, des idées comme celles qui agitent l'Italie ne s'étendent pas, ne se rétrécissent pas à volonté et selon les besoins du moment. La nationalité italienne a sa raison d'être bien autrement impérieuse que celle de l'Autriche, qui avoue elle-même n'être nécessaire à l'Europe que comme un boulevard contre la Russie.

Un sûr boulevard, en effet, que celui dont les ponts-levis ont dû s'abaisser devant la Russie à la première insurrection, tandis que toutes ses forces suffisaient à peine pour contenir le Midi soulevé !

Mais l'Italie, pas plus que l'Espagne, ne peut être entre les mains d'un ennemi, disons plus, d'un adversaire de la France. L'Autriche s'est alarmée à la simple idée de l'union et de l'indépendance des principautés, parce qu'elle prétendait voir derrière ce double fait le vasselage de la Russie ; et nous, nous tolérerions non-seulement que les sympathies qui entraînent vers nous une alliée naturelle fussent comprimées, mais qu'on cherchât à les éteindre ! C'est en vérité un peu trop exiger de la France qui a fait à la paix du monde, depuis sept ans, des sacrifices incalculables ; et il est douteux qu'elle continue à tenir à l'Italie le langage de la Restauration et du gouvernement de Louis-Philippe : *Lasciate ogni speranza!*

Il nous reste en deçà des Alpes une autre alliée, indépendante de celle-là, et dont les intérêts sont liés plus intimement que jamais aux nôtres : c'est la Suisse, que tant de sympathies rattachent à nous, malgré la différence d'institutions qui existe entre les deux pays, et qui, ajoutons-le, est infiniment plus apparente que

réelle. Tous les honnêtes gens, en Suisse, ont salué l'a-
vénement de l'Empire, non-seulement comme une ga-
rantie précieuse de l'indépendance de leur pays, mais
encore comme un événement qui leur permettrait, à la
longue, d'éteindre le foyer anarchique qui s'y était
formé, non pas grâce aux libertés des cantons, mais
bien plutôt à la faveur des influences opposées qui se
sont de tout temps donné rendez-vous dans ce pays.

IV.

Si l'on jette les yeux sur la carte de l'Europe, la France n'y occupe qu'un espace restreint, et sur celle du monde, c'est à peine si elle atteint aux proportions d'une des grandes îles océaniques; et pourtant, sur ce coin de terre, ont surgi des hommes, se sont passés des événements qui ont assuré à notre pays un rôle éminent toujours, et souvent la prépondérance la plus glorieuse dans les affaires du globe.

Aujourd'hui encore, le monde entier a les yeux fixés sur la France; notre politique règle encore celle de tous les peuples; nous sommes encore l'espoir ardent des uns, la crainte des autres, un objet de proccupation pour tous.

Quand nous faisons abstraction, pour un moment, du mauvais rêve de 1848 et que nous portons nos regards sur la France, sortie d'une longue humiliation, et remontée au rang qui lui appartient, nous pouvons ouvrir notre âme à un orgueil légitime. Une armée sans rivale assure le repos au dedans, la paix au dehors. Tous les arts utiles fleurissent, notre commerce maritime se développe à vue d'œil, les villes s'assaïnis-

sent, les grandes mesures prises pour améliorer le sort
des classes ouvrières et pour assurer leur avenir, ramè-
nent le calme et la confiance dans les âmes troublées
par la longue surexcitation d'une propagande impie ; et
pourtant, malgré ces résultats, que nul de nous n'aurait osé espérer dans un avenir si prochain, alors que
la France était livrée aux funestes égarements de 1848,
il reste bien des conquêtes à faire.

Le tableau que nous avons présenté de la situation
générale des deux mondes, nous montre assez combien de chemin nous avons encore à parcourir pour
donner à la France un rôle qui soit à celui des autres
États, qui ont grandi et prospéré autour d'elle, ce que le
rôle de notre pays était, à l'apogée de sa prépondérance,
au rô e de ces mêmes États.

Un pays comme le nôtre peut regarder la vérité en
face ; mais, après l'avoir fait, il doit rentrer en lui-même
pour peser les devoirs que cette vérité lui impose.

Ni la Restauration, ni le gouvernement de juillet ne
pouvaient clore la révolution ; l'Empire seul le pouvait,
et nous avons l'Empire.

Ce gouvernement, qui est bien sorti des entrailles de
la France, était seul capable de nous arrêter sur la
pente de l'humiliation et de la décadence où nous
étions entraînés avec une effrayante rapidité.

En Angleterre, on avait mis il n'y a pas longtemps à
la mode, dans la presse, le thème de notre décadence
physique ; en Allemagne, on construisait des théories de
circonstance pour chercher à établir qu'il est une loi du

monde moral, d'après laquelle les peuples ont leurs époques de splendeur et leurs époques de décadence, et on ajoutait que la France était entrée dans cette dernière période.

Nous pourrions trouver étrange cette coïncidence de discussion sur deux sujets analogues, le lendemain de succès qui rappelaient nos plus belles époques ; mais nous n'hésitons pas à dire que notre décadence datera du jour où de nouveaux bouleversements viendraient affliger la France et arrêter le développement qui, dans la nouvelle situation où le progrès universel a placé le monde, est devenu plus qu'une condition de sa grandeur, une nécessité de son existence. Nous déclinerons, pour ne plus nous relever, le jour où, par nos discordes intestines, nous aurons fait croire aux peuples que notre révolution de 1789 était un accident et un mensonge, ou bien que nous étions indignes de ses conquêtes, puisque nous n'aurions pu ni les comprendre ni les sauvegarder. Ce serait ce moment que nos ennemis saisiraient pour s'emparer du drapeau qui est notre palladium au dedans, et la cause de notre prestige au dehors.

Toutes les grandes conquêtes de notre révolution sont debout ; elles forment la base de notre gouvernement, qui n'est plus en lutte avec elles comme celui de la Restauration, et qui ne les pratique ni avec hésitation ni avec duplicité, comme le gouvernement de juillet.

Que veulent donc ces hommes qui ont brillé avec éclat dans les luttes entreprises pour nos libertés, au-

jourd'hui que cette lutte a atteint le but le plus élevé ?
Leur opposition tracassière nous ferait presque croire
que leur vanité personnelle seule a été en jeu et non
l'amour des libertés de leur patrie.

On dirait vraiment que c'est à leur école que s'est
formée cette belle armée qui, par des faits glorieux, nous
a relevés de l'humiliation de la politique pusillanime du
précédent règne que paralysaient encore les oiseuses
discussions de la tribune et de son écho la presse.

C'est dans la vie sévère des camps, en répandant
leur sang pour des conquêtes qui renferment l'avenir
de la France, que grandissaient ces hommes d'action
auxquels nous devons notre salut, heureux d'avoir
échappé à la contagion de ce parlementarisme, auquel
cependant les plus faibles d'entre eux ont fini par suc-
comber.

Certes, en y regardant de plus près, en parcourant
ces mémoires tout bouffis d'une vanité pédantesque,
ces articles *à tendances*, ces annales de notre histoire,
attirées au profit tantôt d'un parti, tantôt d'une cote-
rie, nous comprendrons combien la France a besoin de
ramener de leur égarement ces hommes qui se croient
seuls capables de la guider, eux dont l'impuissance est
démontrée par quelques-unes des plus tristes pages de
notre histoire.

Nous avons en vérité bien autre chose à faire que de
nous arrêter aux complaintes de ces aveugles bordant
piteusement notre route avec la prétention de nous in-
téresser à leur sort. Nous ne pouvons que les plaindre,

s'ils s'obstinent à constituer des dérivations hostiles qui vont se perdre sans profit pour personne, mais il est de notre devoir de passer outre. Nous n'avons pas à nous arrêter non plus au langage impie de ces hommes qui voudraient devenir les grands lamas de notre France ; si elle adoptait leurs absurdes théories, il faudrait qu'elle consentît à descendre plus bas que la dernière des nations. Il y a une loi pour ces Brinvilliers de la morale et de la société, et ce n'est que justice de l'appliquer dans toute sa rigueur.

Nous sommes, avons-nous dit, en possession de toutes les conquêtes de notre révolution, mais cette révolution a dépassé le but, elle s'est laissé entraîner à des excès qui seuls forment les traditions, le code, l'histoire de la démagogie. Ici aucune trève n'est possible. La démagogie est l'ennemie la plus implacable de la liberté, elle est incorrigible, et une guerre sans merci partout et toujours peut seule nous préserver des fléaux dont elle nous menace.

Les dogmes de la révolution sont fixés, ils répondent aux besoins de la société la mieux organisée, ils proclament le respect de la dignité humaine à tous les degrés de l'échelle sociale. Il est donc de notre devoir de la clore. C'est le talent de la Bible dont nous aurons un jour à rendre compte au tribunal de l'histoire ; le rendrons-nous stérile en l'enfouissant ou le ferons-nous produire au centuple ?

Voilà la question qu'il s'agit de résoudre.

Ce talent, nous le rendrons stérile si nous renouvelons les saturnales en l'honneur de la déesse de la Raison.

Ce souvenir fait sourire les uns, frémir d'horreur les autres ; mais n'avons-nous pas tous présents à la mémoire vingt écrits qui n'ont d'autre but que de nous y ramener, sinon par une voie aussi ridicule, du moins par une voie aussi odieuse, et ces saturnales périodiques d'autrefois ne veut-on pas nous forcer à les convertir en cérémonies de chaque jour ?

Mais la France ne saurait se prêter plus longtemps à d'aussi scandaleux abus. Les saturnales en l'honneur de la déesse de la Raison, la haine du clergé, le culte de la guillotine, professé par des hommes qui ne trouvaient pas assez d'injures pour flétrir l'intolérance politique et religieuse, toutes ces énormités méritent mille fois le sort des abus que la révolution de 89 est venue renverser.

D'autre part, la France voudra relever tout ce qui s'est produit de grand dans un autre âge et l'honorer à l'égal de ses conquêtes nouvelles.

La révolution française n'a pas été l'œuvre d'un jour ; avant d'éclater au Jeu de Paume, elle avait été préparée par tous les esprits généreux depuis près de trois siècles. Ou bien croit-on que tous ces hommes que nous admirons, et dont les actes et les paroles font briller d'un si vif éclat les pages de notre histoire, aient été improvisés ?

Le contraire est évident, ces hommes étaient sortis de la même école où s'étaient formés ceux qui corrigeaient par toutes les vertus, par leur dévouement au pays, leur droiture, leur probité, leur amour de la justice, ce que les institutions de l'ancien régime avaient d'imparfait. Ce régime a nécessairement disparu avec ceux qui le représentaient; mais nous n'en devrions pas moins chercher à donner plus de réalité à nos institutions meilleures, en montrant à la nouvelle génération comme des modèles ces hommes dont les vertus tenaient lieu en quelque sorte d'institutions à leur pays ; nous devrions rechercher le secret de leur éducation publique ou privée et revenir à des principes dont la pratique a été si utile à notre patrie et dont nous nous sommes peut-être un peu trop écartés.

Après l'indifférence en matière de religion, celle en matière politique et sociale est la plus pernicieuse. Tant de bouleversements nous ont rendus si sceptiques et si égoïstes que la maxime : « Après nous le déluge, » n'est que trop au fond des actions et des paroles de notre jeunesse. Là est la plaie de notre époque et de notre pays.

Il importerait de ramener chez nous, avant tout, ce respect du foyer qui fait la force de l'Angleterre, et autour de ce foyer devraient revenir se grouper les bonnes traditions de la famille. Il faudrait en bannir les théories scandaleuses, propagées par des écrivains déclassés des deux sexes auxquels nous fermerions nos maisons, tandis que nous livrons à leurs productions malsaines les cœurs de nos femmes, de nos fils, de nos filles, c'est-à-dire l'avenir de la société.

Il ne devrait pas exister, en France, un père de famille qui ne considérât comme un devoir de chaque heure, de chaque instant, d'assainir l'air de sa maison, si nous pouvons nous exprimer ainsi, et alors un air plus pur traverserait aussi la vie publique, et nous pourrions avec calme envisager l'avenir de notre beau pays.

L'égalité inscrite dans nos lois, cette conquête si belle de notre révolution permet à chaque père de famille, même au plus pauvre, de rêver pour ses enfants une grande carrière. Toutefois, l'on ne saurait trop désirer que le père de famille songeât avant tout à doter son pays de citoyens utiles, et dont l'ambition fût tournée beaucoup plus vers le bien que vers les honneurs.

Nous avons à réagir surtout contre cette fièvre qui nous pousse tous à nous enrichir vite sans travail. L'homme qui s'enorgueillissait naguère d'avoir trouvé deux mots devenus tristement célèbres, dont l'un contenait la négation du principe sur lequel repose notre société, et dont l'autre niait le plus sublime attribut de la Divinité, cet homme s'est attaqué à cette lèpre, dans un livre remarquable à plus d'un titre, mais pour n'arriver qu'à des négations.

Nous n'avons nul besoin de remèdes nouveaux pour cet état de choses que tout honnête homme déplore ; les remèdes sont connus, ils sont pratiqués tous les jours dans ces familles qui composent les classes dont la France peut s'enorgueillir devant le monde, dans celles de notre magistrature et de nos corps savants, puis dans notre armée de terre et de mer dont l'ambition la plus haute est un dévouement absolu à la cause du pays.

Nous n'avons pas besoin de remèdes nouveaux ; si chaque citoyen occupant un rang dans la société faisait autour de lui non-seulement dans sa famille, mais auprès de ceux sur lesquels il exerce une autorité, la propagande du bien, des bons et des nobles sentiments, bientôt les matériaux abonderaient pour construire ce pont que nous avons à jeter sur l'abîme qui sépare aujourdhui notre société en deux grandes catégories, l'une gardant à l'autre une rancune mal contenue. Ce pont se construirait comme par enchantement, et nous verrions bientôt la France présenter un aspect qui lui assurerait au dehors une autorité plus grande que jamais.

Il est un point sur lequel on ne saurait assez insister, c'est la nécessité d'une propagande dynastique. La famille est le point de départ de la société, qui n'est qu'une agglomération de familles, et qui, par conséquent, doit toujours demeurer l'image de son origine. Si nous retrouvons partout dans les peuples le respect de l'autorité, d'un chef, c'est que ce sentiment correspond à celui qu'on éprouve pour le chef de la famille, et nous pouvons dès aujourd'hui remarquer que, dans tous les Etats où on s'est détourné de la forme monarchique, il y a une tendance manifeste à y revenir. C'est que les sociétés ne sauraient longtemps exister en vertu d'un principe faux. La France est riche d'expériences en cette matière et nous doutons qu'elle veuille recommencer d'en faire.

Si nous voulons donc opposer une barrière efficace à l'anarchie, propageons de toutes nos forces le respect de l'autorité et de son représentant suprême. Créons des sentiments de piété filiale envers cette dynastie dont l'origine est plus glorieuse que celle d'aucune autre dans les temps anciens comme dans les temps modernes ; que tout ce qui y touche nous soit sacré comme tout ce qui se rapporte au chef de la famille. L'avénement de l'Empire, le rétablissement de cette dynastie, qui est bien celle de la France nouvelle, est venu remplir un vide qui existait dans tous les cœurs. Cultivons avec soin ce précieux germe, son développement est indispensable au repos comme à la grandeur de la France.

Nous l'avons vu, notre gloire, notre avenir, notre existence, exigent de nous un développement prodigieux de ressources matérielles, mais ils exigent encore un autre progrès.

Le père de famille doit avoir sans cesse devant les yeux que notre position dans le monde exige de nous non-seulement des commerçants instruits, courageux, propres aux grandes et lointaines entreprises, non-seulement des industriels probes, laborieux, intelligents, mais encore, pour le service de nos relations extérieures, des hommes qui possèdent les connaissances les plus étendues et les plus diverses. Notre diplomatie est aujourd'hui un des corps les plus importants de l'Etat. Les temps ne sont plus où les affaires du monde se traitaient entre un petit nombre d'hommes, très-souvent en dehors des intérêts des peuples qu'ils représentaient. Aujourd'hui ces intérêts occupent la première place, et leur connaissance réclame les études les plus vastes, comme leur appréciation réclame l'intelligence la plus élevée.

Quant à notre armée, elle est encore la première du monde, et l'esprit qui l'anime n'a été altéré par aucune contagion.

Notre magistrature et nos corps savants sont à la hauteur de leur rôle, et le temps n'est pas loin où le pays aura su apprécier, selon tout leur mérite, nos institutions nouvelles, qui permettent de corriger sérieusement les abus qui échapperaient à la pratique de ce régime parlementaire, dont on peut dire qu'il constituait ui-même le plus grand des abus, car il ne répondait ni aux besoins, ni aux mœurs, ni au génie de notre nation.

Qu'on nous permette d'écrire au bas de ces pages, dont le but n'est autre que d'éveiller l'attention sur un sujet digne de toutes nos réflexions, ces paroles mémorables d'un des plus grands ministres de l'ancien régime :

« L'autorité monarchique et la liberté du peuple ne
« sont point ennemies et ne doivent ni se combattre
« ni se détruire ; au contraire, c'est sur la parfaite
« intelligence de l'autorité et de la liberté que doit être
« fondé le bonheur du monde. »

Paris.— Imp. de Pommeret et Moreau, 42, rue Vavin.